LES JOURNÉES DE FÉVRIER

HISTOIRE ILLUSTRÉE

[illegible] LA LIBERTÉ RECONQUISE

ORNÉE

Des Vues des principaux traits de la Révolution de 1848,

de la Proclamation de la République sur la place de la Bastille, des

Funérailles des Victimes et des Portraits des Membres

du Gouvernement provisoire.

Prix : 25 Centimes.

PARIS,

[illegible] MARTINON, ÉDITEUR,

[illegible] rue du Coq-Saint-Honoré, 4.

LES JOURNÉES DE FÉVRIER

HISTOIRE ILLUSTRÉE

DE LA LIBERTÉ RECONQUISE

ORNÉE

Des Vues des principaux traits de la Révolution de 1848, de la Proclamation de la République sur la place de la Bastille, des Funérailles des Victimes et des Portraits des Membres du Gouvernement provisoire.

Prix : 25 Centimes.

PARIS,

CHEZ MARTINON, ÉDITEUR,

Rue du Coq-Saint-Honoré, 4.

LES

TROIS JOURNÉES DE FÉVRIER

Louis-Philippe régnait depuis dix-huit ans. Les promesses faites en face des barricades, au peuple qui l'éleva sur le pavois, avaient été tour à tour faussées. La liberté n'était qu'un nom; la presse était muselée par des lois répressives, et la nation réclamait en vain l'exécution de la réforme électorale, dont on la leurrait depuis si longtemps.

Impuissante à faire entendre sa voix à la chambre, elle protestait, dans des banquets auxquels prenaient part des milliers de citoyens, contre le système de défiance et d'oppression qui gouvernait la France. Soixante-et-onze de ces solennités politiques, avaient eu lieu sans entraîner de désordre. Le douzième arrondissement de Paris préparait, à son tour, sa manifestation réformiste, quand le ministère, alarmé d'un concert aussi général, qui semblait menacer son existence, prétendit le comprimer par la force. L'explosion ne se fit pas attendre.

23,000 citoyens se proposaient d'assister, le mardi 22, au banquet organisé sur un terrain particulier, à défaut des établissemens publics, auxquels l'autorité avait refusé la permission nécessaire. Le cortége, composé de gardes nationaux en uniformes, de bourgeois, d'ouvriers, d'élèves des écoles, devait, suivant le programme dressé par le comité réformiste, se rendre solennellement au lieu choisi pour le banquet, avenue de Châteaubriand, près de la barrière de l'Etoile.

Le lundi, assez avant dans la soirée, l'autorité fit placarder des affiches portant défense de former des attroupemens, et menaçant de les dissiper par la force.

Ces affiches excitèrent une vive fermentation. Sur tous les points où ces placards avaient été apposés, des groupes assez considérables s'étaient aussitôt formés. On lisait à haute voix, on commentait dans la foule ces publications que rien ne justifiait, que rien ne laissait prévoir. Les mesures que semblaient annoncer les arrêtés du Gouvernement, causaient autant d'étonnement que d'émotion. Quand une manifestation aussi calme qu'imposante était l'unique préoccupation de tous les esprits, on ne pouvait comprendre comment le ministère se croyait autorisé à jeter l'alarme parmi les citoyens, en faisant pressentir des rigueurs qui semblaient un appel à des passions ardentes.

Le matin du 22, dès six heures, les boulevards présentaient l'aspect le plus animé. Un grand nombre d'ouvriers en costume de travail, des curieux se dirigeaient vers la place de la Madeleine, qui, comme on sait, avait dû être le rendez-vous des députés, des magistrats, des citoyens de toutes les classes ayant souscrit au banquet du douzième arrondissement. Cette multitude sans cesse grossissante n'avait rien d'hostile, ni de menaçant. La curiosité, l'attente, l'incertitude, telle était l'expression de tous les visages. On ne rencontrait pas un seul sergent de ville en uniforme. Aucun cri, aucun chant patriotique ne s'élevait du sein de la foule.

Les soldats du poste de l'hôtel des affaires étrangères, debout sur le seuil de la porte, sans fusils et sans sabres, regardaient passer les curieux. Seulement les grilles de l'église de la Madeleine avait été fermées par surcroît de précaution, et le marché aux Fleurs n'avait pas eu lieu.

Vers onze heures, les masses populaires remplissaient la place de la Madeleine, la rue Royale, la place de la Concorde. A cet instant, on vit déboucher sur la place de la Madeleine de forts détachemens du 21e régiment de ligne Ces troupes se rangèrent en bataille et occupèrent, en refoulant le monde, la chaussée à main gauche de l'église. On remarquait que, dans chaque compagnie, un certain nombre de soldats portaient sur leurs sacs des pioches, des haches, des marteaux d'armes. Des clameurs confuses retentirent. Des étudians en médecine, qui arrivaient sur deux rangs, entonnèrent l'air de *la Marseillaise*, et le chant devenu populaire du *Chevalier de Maison-Rouge*. Le flot des curieux se porta à travers la place de la Concorde, dans la direction de la Chambre des députés.

Le temps, qui était froid et humide depuis le matin, s'était encore assombri ; la pluie commençait à tomber et les lourdes nuées qui parcouraient le ciel semblaient annoncer une forte ondée. Il était à peu près midi. Un escadron de garde municipale arriva au grand trot, balaya le pont de la Concorde, déboucha sur la place et se forma en bataille, en face de l'obélisque. Un détachement de dragons descendit dans la contre-allée des Champs-Elysées, au grand galop. Des cris : *Vive les dragons* ! éclatèrent sur leur passage. Après avoir parcouru dans toute sa longueur la place de la Concorde, ce détachement vint se placer auprès de l'escouade de la garde municipale. Un escadron de chasseurs à cheval se rangea pareillement en bataille sur la même ligne. Une foule considérable se concentra sur ce point. L'encombrement devint extrême. Des sifflets, des huées, des cris s'élevèrent dans les groupes ; quelques pierres furent lancées sur la garde municipale à cheval.

Des escouades de gardes municipaux chargèrent. La foule se dispersa aussitôt ; mais dans l'une de ces irruptions soudaines, une dizaine de personnes furent renversées.

Des scènes analogues se passaient sur la place de la Madeleine, devant l'hôtel du ministère des affaires étrangères et sur divers autres points de la ville.

On remarque que dans plusieurs endroits des gardes nationaux croisèrent la baïonnette pour empêcher les cavaliers de fouler le peuple aux pieds de leurs chevaux. Partout les cavaliers s'arrêtèrent devant cette manifestation hostile.

La journée du 23 ne fut pas plus tranquille.

Dès la pointe du jour, on avait recommencé, multiplié les barricades dans les quartiers Saint-Martin et Saint-Denis ; la garde municipale, devenue odieuse au peuple, avait fait de nombreuses victimes ; le sang coulait dans plusieurs rues ; mais la garde nationale était en armes, et partout elle répétait les cris poussés par les citoyens armés : *Vive la réforme* ! *à bas Guizot* ! Alors la

lutte a changé de face : Paris a pris ce regard menaçant, cette voix puissante, tout cet aspect monumental que lui donne sa population soulevée par le même sentiment,

Dans tous les quartiers populeux, on retrouvait cette garde nationale suivie, flanquée d'une multitude infinie, et la garde nationale, et la multitude, et le peuple entier poussaient en tous lieux ces acclamations. C'était le signe précurseur d'une crise solennelle : on le vit et l'on céda. Des généraux de la garde nationale, des colonels, des aides-de-camp apportèrent dans toutes les légions la nouvelle que M. Guizot se retirait, et qu'on appelait M. Molé pour le remplacer.

Cette victoire, toute faible, tout incomplète qu'elle fût, n'en excita pas moins les applaudissemens de la population. Toute la ville était illuminée ; des rassemblemens considérables, précédés de drapeaux et éclairés par des torches, parcouraient les boulevards chantant la *Marseillaise*, et se bornant à crier devant les fenêtres obscures : « Des lampions ! des lampions ! » On voyait confondus dans cette foule des gardes nationaux avec leurs officiers, des ouvriers, des citoyens de tous les rangs, de toutes les professions. Il semblait que tout fût fini, et qu'une ère de réforme toute pacifique commençât désormais pour la France.

Il n'en fut point ainsi. La foule qui avait fait plusieurs stations sur le boulevard arrivait à la hauteur de l'hôtel des affaires étrangères ; elle était sans armes, remplissant toute la ligne des boulevards et s'étendant à une certaine profondeur. Elle chantait sans défiance et répétait les cris poussés pendant la journée.

Tout à coup, sans aucune sommation, sans la moindre formalité légale, une décharge à bout portant est dirigée contre cette masse désarmée par la troupe rangée devant l'hôtel du ministère.

Cinquante-deux personnes tombent mortes ou blessées : un cri d'horreur et de vengeance part aussitôt du sein de ce peuple victime d'un abominable guet-apens.

Cette foule se divise alors en groupes divers, les uns restés pour relever les morts et porter les blessés à l'hôpital ; les autres, refluant jusqu'au boulevard des Italiens, indignés, exaspérés, crient : *Aux armes ! aux armes ! on nous assassine !* Quelques-uns, revenant dans les quartiers qu'ils habitent, y apportent ce récit affreux et sèment partout la colère dont ils sont animés.

Bientôt après, on voit sur la ligne des boulevards un tombereau portant des cadavres : le

tombereau était éclairé par des torches, entouré de ces braves gens, dont l'indignation étouffe les larmes, et qui, découvrant les blessures saignantes, montrant ces hommes naguère chantans et joyeux, maintenant inanimés et chauds encore du feu des balles, crient avec fureur : « *Ce sont des assassins qui les ont frappés ! Nous les vengerons ! Donnez-nous des armes !.... des armes !....* Et les torches, jetant tour à tour leur lueur sur les cadavres et sur les hommes du peuple qui les escortaient, ajoutaient encore aux émotions violentes que causait ce convoi funèbre.

En moins de deux heures, cet événement est connu dans tout Paris. On dirait qu'il n'y a de sommeil pour personne. Des groupes animés stationnent aux coins des rues ; on entend tout le monde répéter : *C'est infâme!* Des barricades s'élèvent rue Cadet, rue Vivienne, rue Grange-Batelière ; un mouvement extraordinaire règne sur ce point de la capitale, toujours le plus lent à se mouvoir.

Le peuple mitraillé n'a plus qu'une pensée. Il lui faut de sanglantes représailles. Aussitôt les pavés se soulèvent, les barricades se multiplient, les arbres des boulevards tombent sous la hache ; les grilles sont dépecées et fournissent des armes; on s'arrange de tout ce qui peut offrir une résistance ou des moyens d'attaque, et la nuit se passe à cette terrible besogne, au bruit de la cloche d'alarme et à la lueur des flambeaux.

Dès la pointe du jour, tout était prêt. Les boulevards, depuis l'hôtel des Capucines jusqu'à la Bastille, offraient une suite de dix-huit barricades, dont quelques-unes avaient douze pieds de haut. L'embouchure de chaque rue avait sa redoute. Quelques maisons de la rue Poissonnière

et du faubourg Montmartre s'étaient transformées en forteresses.

Cependant les troupes de ligne regardent de loin sans agir. Une morne anxiété se peint sur la figure de chaque soldat. Les officiers eux-mêmes ne donnent aucun ordre, et paraissent peu jaloux de commencer la lutte.

A neuf heures, l'ordre leur arrive de se retirer. Aussitôt qu'elles défilent, les insurgés font entendre les cris de : *Vive la ligne ! vive la réforme* ! C'est à ce moment que M. Molé déclinait la grave responsabilité de former un ministère, et que le roi mandait auprès de lui MM. Thiers et Odilon Barrot, qu'il nommait ministres. Le général Bugeaud, nommé le matin même gouverneur de Paris, était, avant même d'avoir exercé ses fonctions, remplacé par le général Lamoricière.

Mais il était trop tard. En ce moment le bruit de la fusillade retentissait à l'extrémité de la rue de Rivoli, et le peuple vainqueur se dirigeait de toutes parts sur le château.

Les députés présens firent enfin comprendre au roi la réalité de la position : le mot d'abdication fut prononcé.

On en était là lorsqu'arriva M. Emile de Girardin, dont la parole ardente et ferme ne dissimula rien de l'état de choses. « *Sire*, dit-il aussitôt, *il n'y a plus que deux partis à prendre, ou quitter la France ou abdiquer.*

Cette seconde alternative fut acceptée sur-le-champ. On présenta le papier qui se trouva sous la main. C'était une feuille de matière assez commune, et sans même ôter son gant, le Roi y traça ces mots :

« *J'abdique cette couronne que je tenais des vœux du peuple, et je la laisse à mon petit-fils. Puisse-t-il être plus heureux que moi !* »

LOUIS-PHILIPPE.

(Nous mettons cette signature en grosses lettres pour rendre, autant que possible, celle de l'ex-roi, qui était de très-grande dimension et fort lisible.)

Après avoir écrit, il prit la feuille de papier en criant : « *Gérard ! Gérard ! Gérard est-il là ?* » Il témoignait le désir de ne remettre cet acte qu'au maréchal ; mais celui-ci était absent. Alors Louis-Philippe s'adressant à son second secrétaire, lui dit : « *Adieu, monsieur Lassagne ; vous remettrez mon abdication. Adieu ! adieu !* »

Ces dernières paroles s'adressaient aux personnes présentes. En ce moment le flot populaire qui grondait depuis quelque temps prit une voix plus formidable. Il approchait... Les minutes étaient brûlantes... et l'insurrection allait toucher le seuil du château... L'assistance n'avait plus rien à se dire, si ce n'est à se conseiller mutuellement la sûreté d'une prompte retraite.

L'une des personnes présentes dit : « Sortons comme si nous étions tranquilles, et les mains dans nos poches, on ne prendra pas garde à nous. »

Un instant après, et tandis que l'insurrection resserrait de plus en plus ses efforts en s'avançant vers les Tuileries et le Palais-Royal, le roi, — il était une heure de l'après-midi — sortait à pied de son palais, sans aucune des marques de la royauté, sinon l'abattement de son visage et sa tête courbée, — ces deux insignes des dynasties qui tombent.

La reine l'accompagnait habillée d'une robe en laine noire.

Un détachement de gardes nationaux à cheval, mêlés à des aides-de camp et à des officiers de service, environnait ce vieux roi et cette reine en deuil.

Ils traversèrent précipitamment les Tuileries, portant, le roi une petite boîte enveloppée d'un foulard, la reine un sac de nuit pour tout bagage.

A l'extrémité du quai, vers le Pont-Tournant,

le roi, la reine et tout le cortége s'arrêtèrent. Un reflux de la foule qui encombrait la place de la Concorde mit en un instant le plus grand désordre dans cette petite troupe, qui, disait-on, se dirigeait vers la chambre.

Le roi, pressé de toutes parts, déjà reconnu par quelques-uns, quitte brusquement le bras de la reine, et agite son chapeau en signe qu'il veut parler. Mais la confusion et le tumulte augmentent. Les chevaux caracolent; et, de plus en plus refoulés par les assaillans, deviennent un nouveau péril plutôt qu'ils ne sont un rempart. C'est alors que la reine, sérieusement alarmée, prend Louis-Philippe par la main, et l'entraîne à peu de distance, à un endroit du quai où stationnait une petite voiture basse attelée d'un seul cheval.

La voiture partit à fond de train et prit par le bord de l'eau. Elle se dirigeait vers Saint-Cloud.

Cependant cette foule émue, ces flots en mouvement sur la place, avaient pour s'agiter un tout-autre motif que l'apparition fortuite d'un vieillard, à peine aperçu dans la mêlée d'hommes et de chevaux.

La cause du tumulte, la voici :

La nouvelle de l'abdication du roi s'étant répandue, les derniers amis de la monarchie se hâtaient d'en user au profit de la paix et de la conciliation. Des chefs de la garde nationale parcouraient la place de la Concorde, prévenant les troupes stationnées là depuis le matin que la lutte était terminée et qu'elles eussent à se retirer pour ne pas compromettre plus longtemps par leur présence ce premier pas accompli vers l'ordre et la sécurité. Mais il faut le répéter ici plus que jamais, tout dans cette grande journée, jusqu'aux accidens, jusqu'aux témérités du désespoir, semble empreint de la colère providentielle. Les gardes municipaux qui occupaient l'un des postes situés aux angles de la place s'y retranchent sans vouloir rien entendre, et font feu par les fenêtres et les meurtrières.

Les citoyens désarmés, paisibles spectateurs de la négociation, tombent mêlés à des gardes nationaux, comme étaient tombés, la veille, des femmes et des enfans devant l'hôtel des Capucines. A cet acte insensé succède une lutte horrible ; le poste est envahi. Des hommes du peuple, dont la colère fait des héros, engagent le canon de leurs fusils dans les ouvertures mêmes d'où part le feu des assiégés. Douze gardes municipaux sont massacrés ; le reste est dévoré par les flammes qui envahissent le corps-de-garde ; en un quart d'heure la justice du peuple est accomplie.

Mais ce n'est pas assez. Ce jour est le jour des représailles. Tout ce qui est là et qui porte une arme court à la rencontre d'une colonne qui descendait des boulevards et se dirigeait vers le Palais-Royal. On investit le poste du Château-d'Eau.

Une barricade avait été rapidement élevée au coin de la rue de Valois, qu'elle interceptait, et se prolongeait jusqu'à la rue Saint-Honoré. Quelques coups de feu partirent. A ces décharges, le corps-de-garde répond, et la fusillade est entamée. Ce fut là le combat suprême, le grand acte de ce drame qui touche à sa péripétie.

Le général Lamoricière.

Hommes du peuple, gardes nationaux, jusqu'à des enfans même, tout le monde, tous ceux du moins qui ont pu se procurer de la poudre et des balles, jouent leur vie dans cette dernière lutte. En vain le général Lamoricière s'interpose pour faire cesser le feu, il est blessé d'un coup de baïonnette. Le combat dura deux heures et fut une suite non interrompue de traits inouïs et d'épisodes glorieux. Enfin , le poste est

emporté, incendié, ainsi que quatorze des voitures royales traînées des écuries sur la place, et un cri universel se fait entendre :

Aux Tuileries ! s'écrie-t-on; et, malgré les 3,000 hommes d'infanterie, les six pièces de canon en batterie, les deux escadrons de dragons, les gardiens armés, les gardes municipaux qui remplissent la cour du palais, le peuple débouche intrépidement par la rue de Valois, sur la place du Carrousel.

Mais les grilles étaient ouvertes. Un simple lieutenant de la 5e légion, Albert Roche, s'était présenté en parlementaire, était allé droit au duc de Nemours posté devant le pavillon de l'Horloge avec les généraux de son état-major, et lui avait dit : — « Monsieur, six légions de la garde nationale vont cerner les Tuileries, les citoyens qui attaquent en ce moment le Château-d'Eau se disposent à se joindre à elles, le combat est imminent, il sera terrible ! et le sang versé retombera sur votre tête, car ce sont des frères qui s'égorgeront ! »

A ces mots, le duc avait compris que tout était fini. Il avait donné des ordres pour faire retirer les troupes, et un instant après le peuple prenait la place de la royauté disparue.

Dix minutes après le départ du roi, le peuple, précédé des gardes nationaux de la 2e légion, ayant à leur tête leur colonel, entrait aux Tuileries.

Les appartemens sont bientôt envahis ; mais il n'y a pas de dévastation. Le peuple généreux donne la vie aux gardes municipaux trouvés dans l'intérieur du palais, et s'empresse de leur faire quitter leur uniforme et de les aider à se dégui-

ser pour les soustraire aux représailles dont ils eussent pu devenir l'objet une fois hors du château.

Dans la salle du trône, on s'empare du fauteuil, qui est porté tout le long des boulevards, et brûlé sur le soubassement de la colonne de Juillet, en présence d'une foule immense.

A peu près au même instant où les Tuileries

étaient emportées, les appartemens du Palais-

24 FÉVRIER 1848.

Le trône promené sur les boulevards.

Royal sont envahis. Beaucoup de livres et d'objets

mobiliers sont jetés par les croisées et brûlés.

Quelques hommes du peuple portaient au bout de leurs armes des écriteaux ainsi conçus : Mort aux voleurs ! et des factionnaires improvisés fouillaient toutes les personnes à leur sortie des appartemens royaux.

Mais le drame n'est pas tout entier là ; il est encore dans quelques rues intérieures, où les restes de la garde municipale, dispersés dans les postes, retranchés dans leurs casernes, opposent de derniers et inutiles efforts à toute cette population qui se dresse. Il est enfin au Palais-Bourbon, autour de la tribune où s'agitent, autres débris, cette opposition parlementaire qui sent l'ombre de la mort descendre sur elle à mesure que se lève le soleil de la grande, de la sérieuse liberté.

M. le président Sauzet monte à une heure précise au fauteuil.

Au dehors, les abords de la chambre sur la rive gauche sont complétement libres, à l'exception des ponts interdits à la circulation, ainsi que la place de la Concorde. Un fort détachement de cavalerie occupe la tête du pont et l'angle du quai des Tuileries.

Dans l'intérieur du palais, la physionomie de l'assemblée est grave et solennelle.

A une heure un quart, M. Lacrosse, député, secrétaire de la Chambre, arrive à cheval et annonce que Mme la duchesse d'Orléans, suivie de ses deux enfans, se rend à la chambre ; on aperçoit sur le pont de la Révolution la duchesse à pied, suivie d'une foule immense de gardes nationaux.

Elle est introduite dans l'intérieur de la Chambre.

On place aussitôt au pied de la tribune, à la place réservée ordinairement aux huissiers, trois fauteuils ; la duchesse y prend place avec ses enfans ; elle est entourée d'une foule de généraux et d'aides-de-camp en grand costume ; on remarque devant la duchesse M. le duc de Nemours en uniforme de lieutenant-général. Les députés sont au nombre d'environ 300.

La princesse se lève pour saluer à plusieurs reprises l'assemblée.

De toutes parts : Faites silence ! faites silence !

M. Dupin monte à la tribune.

M. DUPIN. — Messieurs, les manifestations qui ont eu lieu ont eu pour résultat l'abdication de

S. M. Louis-Philippe, qui a déclaré en même temps qu'il déposait le pouvoir, et en laissait la libre transmission sur la tête de S. A. M. le comte de Paris, avec régence de Mme la duchesse d'Orléans.

Quelques acclamations se font entendre.

VOIX NOMBREUSES. Silence! non! non! (Bruit.)

M. EMM. ARAGO, fils du député, qui a pénétré dans l'enceinte, adresse la parole aux députés avec vivacité, et discute avec M. Sauzet, qui lui refuse la parole.

M. LE PRÉSIDENT : Avant de donner la parole à qui que ce soit, je rappelle qu'au nom de la chambre et sur la proposition de M. Dupin, je dois déclarer : qu'attendu l'abdication du roi Louis-Philippe et les acclamations générales, la chambre proclame M. le comte de Paris roi des Français avec la régence de son auguste mère.

M. MARIE monte à la tribune.

M. DE LAMARTINE y monte également sur la demande d'un grand nombre de ses collègues et des tribunes.

M. LE PRÉSIDENT, au milieu du bruit : M. de Lamartine propose que la chambre ne continue sa délibération qu'après le départ de la famille royale.

M. DE LAMARTINE. Je demande, en effet, la suspension de la séance jusqu'au départ de la famille royale. C'est un devoir que nous avons à remplir.

La duchesse d'Orléans et ses deux enfans, après quelque hésitation, montent vers les gradins supérieurs du centre, près de la porte du fond, où ils sont entourés par plusieurs gardes nationaux.

Un grand nombre de citoyens ont pénétré dans la chambre, et quelques-uns vont s'asseoir, au milieu des bravos des tribunes, à côté des députés de l'opposition, qui les accueillent avec empressement.

M. LE PRÉSIDENT. L'hémicycle est obstrué. Je ne puis qu'inviter les personnes étrangères à la chambre à sortir de l'enceinte. Veuillez respecter l'assemblée. Veuillez sortir, Messieurs ; il est impossible que qui que ce soit ait la parole en ce moment.

M. MARIE, avec force : Je demande la parole. (Oui ! oui ! parlez !)

QUELQUES VOIX. M. Barrot ! M. Barrot !

M. CRÉMIEUX. M. Barrot viendra, mais écoutez M. Marie.

M. MARIE. Messieurs, dans la position où Paris se trouve, vous n'avez pas un moment à perdre pour prendre une mesure qui soit efficace sur la population. Depuis ce matin, l'agitation a fait d'immense progrès, et si vous tardez encore un instant, qui peut prévoir ce qui arrivera ? On vient tout à l'heure de proclamer Mme la duchesse d'Orléans, mais vous avez une loi qui nomme M. le duc de Nemours régent. Vous ne pouvez pas aujourd'hui faire une loi. Cependant il faut aviser ; il faut à la tête du pays un gouvernement provisoire. (Acclamations.) Je demande qu'un gouvernement provisoire soit constitué. Quand il le sera, il avisera ; de concert avec la chambre il aura autorité sur le projet. (Nouvelles acclamations.)

M. CRÉMIEUX. Messieurs, dans l'intérêt public, il y a une grande mesure à prendre ; il est impossible que tout le monde soit d'accord pour proclamer immédiatement madame la duchesse d'Orléans régente et M. le comte de Paris roi. La population ne peut accepter immédiatement cette proclamation. En 1830, nous nous sommes hâtés, et nous sommes obligés en 1848 de recommencer. Ne nous hâtons donc pas aujourd'hui. Un gouvernement provisoire que vous nommerez rassurera la population au sujet de ce qui lui avait été promis et n'a pas été tenu!

Puisque nous en sommes arrivés à ce point d'avoir une révolution quand nous avions voulu le changement de quelques hommes, tâchons de faire une œuvre durable, et ne laissons pas à nos fils le besoin de la recommencer. (Applaudissemens.)

M. O. Barrot, longtemps attendu, monte à la tribune.

M. Odilon Barrot.

M. O. BARROT. Jamais, messieurs, nous n'avons eu plus besoin de sang-froid et de patriotisme. Puissions-nous tous rester unis dans le même sentiment, celui de sauver le pays du fléau de la guerre civile! Les nations, sans doute, ne meurent pas, mais les peuples s'affaiblissent par les dissensions intestines. Jamais la France n'a eu plus besoin de toute sa grandeur et de toutes ses forces. Dans cette situation, le devoir est tout tracé, et il est d'une simplicité qui sera facilement comprise; il s'adresse au courage et à l'honneur de tous. La couronne de Juillet repose sur la tête d'un enfant et d'une femme. Je fais un appel solennel... (Madame la duchesse d'Orléans se lève et semble vouloir parler; M. le duc de Nemours cherche à la faire asseoir; un garde national ramasse un papier sur lequel sont écrits les mots que voulait prononcer madame la duchesse d'Orléans; ils sont conçus en ces termes :

« Messieurs, ce n'est pas de la chambre, c'est du pays que doivent émaner les pouvoirs de mon fils orphelin; ce n'est pas autre chose que moi, pauvre veuve, je venais vous demander. »

M. O. BARROT. C'est au nom de la liberté politique de mon pays, de la nécessité du maintien de l'ordre, de l'union, de l'accord, dans des circonstances aussi difficiles, que je demande à mon pays de se rallier à cette double représentation de Juillet.

La régence de madame la duchesse d'Orléans. Un ministère choisi dans les opinions les plus éprouvées, et puis l'appel au pays, pour que son opinion se prononce en toute liberté, avec calme. Voilà mon sentiment. Je ne saurais prendre la responsabilité d'une autre situation. (Réclamations.)

M. DE LA ROCHEJAQUELEIN. — Personne plus que moi ne respecte et ne sent plus profondément ce qu'il y a de touchant dans certaines situations : je n'en suis pas aujourd'hui à ma première épreuve. Je réponds à M. Odilon Barrot que je n'ai pas la folle présomption de venir ici élever une prétention contre ses propres prétentions ; mais je crois qu'il n'a pas obéi aux véritables intérêts du pays. Il appartient peut-être plus à ceux qui ont servi longtemps les rois de parler du peuple et de la liberté. Eh bien ! messieurs, vous n'êtes plus rien.

Une voix. A l'ordre !

M. LE PRÉSIDENT. Je rappelle l'orateur à l'ordre. (Marques générales d'étonnement. On remarque alors que le président est couvert de son chapeau et on le lui fait ôter.)

En ce moment un grand nombre de citoyens,

dont plusieurs portent des drapeaux tricolores et sont armés de fusils ou de sabres, pénètrent dans la salle. Un officier de garde nationale s'élance à la tribune et y place un vaste drapeau tricolore.

La duchesse d'Orléans est entraînée évanouie, presque mourante, protégée par quelques citoyens et par le duc de Nemours, auquel on arrache les épaulettes, insignes de son grade de lieutenant-

général. Les deux enfans la suivent, portés sur

les bras de deux serviteurs dévoués. Elle disparaît. Le duc de Nemours, que son uniforme désigne au courroux et aux insultes de la foule, revêt précipitamment une redingote que lui offre un des assistans, et saute par une fenêtre dans le jardin de la présidence.

MM. Ledru-Rollin et Lamartine demandent la parole : elle est accordée à M. Ledru-Rollin. La plus vive agitation règne dans la salle.

M. LEDRU-ROLLIN. Je viens protester, au nom du pays, contre l'espèce de gouvernement qu'on est venu proposer à cette tribune.

Nous prétendons qu'il faut un appel au pays, un appel à la nation, pour faire une loi de régence, et qu'on ne peut l'implanter comme on vient d'essayer de le faire d'une manière si singulière et si usurpatrice.

Cet expédient n'a pas de racines dans le pays; au nom du droit, je proteste contre cette usurpation des droits du peuple.

Vous parlez d'effusion du sang ; ah ! je suis sensible à ce mal, moi qui l'ai vu couler de près..

Une voix, Trois mille sont morts,

M. LEDRU-ROLLIN. Laissez-moi donc vous parler des droits de ce peuple qui se bat en ce moment, et qui se battra ce soir encore si vous lui résistez.

En 1815, Napoléon, pour la régence du roi de Rome, crut devoir faire appel au pays, et vous ne voudriez pas le faire aujourd'hui!

M. Ledru-Rollin.

Le pays est tout et on ne peut rien faire sans lui. Je demande donc, en résumé, un gouvernement provisoire et l'appel immédiat à une convention.

M. DE LAMARTINE. Messieurs, je partage le double sentiment qui ag te cette assemblée, en voyant le spectacle touchant d'une princesse malheureuse quittant un palais désert et venant se placer au milieu de cette assemblée.

Mais, messieurs, si je partage l'émotion qu'inspire ce spectacle attendrissant des plus grandes catastrophes humaines, si je partage le respect qui vous anime tous, à quelque opinion que vous apparteniez, dans cette enceinte, je n'ai pas partagé moins vivement le respect pour ce peuple glorieux qui combat depuis trois jours pour redresser un gouvernement perfide, et pour rétablir sur une base désormais inébranlable l'empire de l'ordre et l'empire de la liberté. (Applaudissemens.)

Messieurs, je ne me fais pas l'illusion qu'on se faisait tout à l'heure à cette tribune; je ne me figure pas qu'une acclamation spontanée arrachée à une émotion et à un sentiment publics puisse constituer un droit solide et inébranlable pour un gouvernement de 35 millions d'hommes.

Je sais que ce qu'une acclamation proclame, une autre acclamation peut l'emporter, et, quel que soit le gouvernement qu'il plaise à la sagesse et aux intérêts de ce pays de se donner, dans la crise où nous sommes, il importe au peuple, à toutes les classes de la population, à ceux qui ont versé quelques gouttes de leur sang dans cette lutte, d'en cimenter un gouvernement populaire, solide, inébranlable enfin. (Applaudissemens.)

Eh bien! messieurs, comment le faire? Comment le trouver parmi ces élémens flottans, dans cette tempête où nous sommes tous emportés, et où une vague vient surmonter à l'instant même la vague qui vous a apportés jusque dans cette enceinte? Comment trouver cette base inébranlable? en descendant dans le fond même du pays, en allant extraire pour ainsi dire ce grand mystère du droit national (Sensation profonde), d'où sort tout ordre, toute vérité, toute liberté.

C'est pour cela que, loin d'avoir recours à ces subterfuges, à ces surprises, à ces émotions dont un pays, vous le voyez, se repent tôt ou tard (Oui! oui!), lorsque ces fictions viennent à s'évanouir, en ne laissant rien de solide, de permanent, de véritablement populaire et d'inébranlable sous les pas du pays; c'est pour cela que je viens appuyer de toutes mes forces la double demande que j'aurais faite le premier à cette tribune, si on m'avait laissé monter au commencement de la séance, la demande, d'abord d'un gouvernement, je le reconnais, de nécessité, d'ordre public, de circonstance, d'un gouvernement qui étanche le sang qui coule, d'un gouvernement qui arrête la guerre civile entre les citoyens... (Acclamations.)

(L'un des hommes de la foule, qui est debout dans l'hémicycle, remet son sabre dans le fourreau, en disant : « Bravo! bravo! »)

Une voix. Plus de royauté!

M. DE LAMARTINE..... D'un gouvernement qui

M. Lamartine.

suspende ce malentendu terrible qui existe depuis quelques années entre les différentes classes de citoyens, et qui, en nous empêchant de nous reconnaître pour un seul peuple, nous empêche de nous aimer et de nous embrasser. (Très-bien ! très-bien !)

Je demande donc que l'on constitue à l'instant, du droit de la paix publique, du droit du sang qui coule, du droit du peuple qui peut être affamé du glorieux travail qu'il accomplit depuis trois jours, je demande que l'on constitue un gouvernement provisoire... (Bravo ! bravo !), un gouvernement qui ne préjuge rien, ni de nos droits, ni de nos ressentimens, ni de nos sympathies, ni de nos colères, sur le gouvernement définitif qu'il plaira au pays de se donner quand il aura été consulté. (C'est cela ! c'est cela !)

Je demande donc un gouvernement provisoire. (Oui ! oui !)

De toutes parts. Les noms des membres du gouvernement provisoire !

Plusieurs personnes présentent une liste à M. de Lamartine.

M. DE LAMARTINE. Attendez.

Ce Gouvernement provisoire aura pour mission, selon moi, pour première et grande mission, 1° d'établir la trêve indispensable, la paix publique entre les citoyens ; 2° de préparer à l'instant les mesures nécessaires pour convoquer le pays tout entier, et pour le consulter, pour consulter la garde nationale tout entière (oui ! oui !), le pays tout entier, tout ce qui porte dans son titre d'homme les droits du citoyen. (Applaudissemens prolongés.)

Un dernier mot.

Les pouvoirs qui se sont succédé depuis cinquante ans...

A ce moment, on entend retentir du dehors des coups violens aux portes de l'une des tribunes publiques. Les portes cèdent bientôt sous des coups de crosses de fusils. Des hommes du peuple mêlés de gardes nationaux y pénètrent en criant : « A bas la chambre ! pas de députés ! » Un de ces hommes abaisse le canon de son fusil dans la direction du bureau. Les cris : « Ne tirez pas ! c'est M. de Lamartine qui parle ! » retentissent avec force. Sur les instances de ses camarades, l'homme relève son fusil.

M. le président, qui est resté au fauteuil, réclame le silence en agitant violemment sa sonnette.

Le bruit et le tumulte acquièrent la plus grande intensité.

M. LE PRÉSIDENT. Puisque je ne puis obtenir le silence, je déclare la séance levée.

M. Sauzet quitte le fauteuil après avoir prononcé ces paroles.

Ici l'assemblée de la chambre des députés cesse; mais le peuple armé de fusils, de sabres, mêlé aux gardes nationaux, et un certain nombre de députés, principalement de députés de la gauche, restent dans la salle.

M. Dupont (de l'Eure.)

Un grand nombre de voix. Un autre président! Dupont (de l'Eure)! Dupont (de l'Eure)!

Après quelques instans de tumulte, M. Dupont (de l'Eure) monte au fauteuil, soutenu par M. Carnot. Il est entouré d'un grand nombre de personnes étrangères à la chambre.

M. de Lamartine est toujours à la tribune.

Voix nombreuses. Les noms! les noms des membres du Gouvernement provisoire!

M. de Lamartine s'efforce de dominer le bruit, que ses explications ne parviennent pas à calmer.

Voix nombreuses. Dupont (de l'Eure) ! Dupont (de l'Eure !)

D'autres voix. Il est au fauteuil ! Silence ! Ecoutez-le ! (Oui ! oui !)

M. DE LAMARTINE, *au milieu du bruit.* Je vais lire les noms...

Voix nombreuses. Silence ! silence !

MM. Arago, Carnot... (Le tumulte va toujours croissant.)

M. Arago.

Voix nombreuses. Le Gouvernement provisoire !

M. MARION, *député, à M. Lamartine.* Ne quittez pas la tribune!

Dans la foule circulent MM. Alexandre Dumas, Bocage, Raucourt, etc. — Quelques-uns d'entre eux cherchent même à arriver à la tribune.

Une voix. Ecoutez donc la proclamation des noms!

Un homme armé d'un fusil. Nous ne demandons qu'un moment de silence; nous voulons seulement entendre les noms des personnes qui composent le Gouvernement.

Une autre personne. Du silence dépend le salut de tous. Je le réclame pour qu'on puisse entendre M. Dupont (de l'Eure).

Une voix. M. Dupont (de l'Eure) avant tout!

Une autre voix. Vive la République!

(Beaucoup de personnes pressent et entourent M. de Lamartine et l'engagent à attendre le rétablissement du silence pour parler.

Au nom du peuple, s'écrie l'une d'elles, du silence! laissons parler M. de Lamartine.)

M. DE LAMARTINE. Un moment de silence, messieurs! (Le silence se rétablit à l'instant.)

Messieurs, la proposition qui a été faite, que je suis venu soutenir et que vous avez consacrée par vos acclamations à cette tribune, elle est accomplie. Un Gouvernement provisoire va être proclamé nominativement. (Bravo! bravo! — Vive Lamartine!)

Maintenant, messieurs...

Voix nombreuses. Nommez les membres! nommez-les!

M. DE LAMARTINE. On va les nommer. (Recrudescence de tumulte.)

(M. de Lamartine, après avoir attendu quelques instans que le calme se rétablisse, se retire sur le derrière de la tribune.)

Plusieurs sténographes du *Moniteur*, dans l'impossibilité où ils sont de percer les rangs compactes de la multitude pour arriver à leur bureau au pied de la tribune, et aussi afin de mieux saisir les détails de la scène, montent au bureau et s'assoient aux places des secrétaires de la chambre.)

M. DUMOUTIER (l'un d'eux, debout sur le bureau des secrétaires de la chambre). Messieurs, on vous demande un peu de silence pour proclamer les noms du Gouvernement provisoire; si vous ne faites silence, vous n'entendrez pas et nous n'aboutirons à rien. (Oui, silence!)

M. DUPONT (de l'Eure). On vous propose de former le Gouvernement provisoire. (Oui! oui! — Silence!

Les sténographes. Silence! on répétera les noms.

M. DUPONT (de l'Eure). Voici les noms!

Voix nombreuses. Nommez ! nommez !

M. DUPONT (de l'Eure). Arago, Lamartine, Dupont (de l'Eure), Crémieux... (Bruit et agitation.)

M. DE LAMARTINE. Silence, messieurs! Si vous voulez que les membres du Gouvernement provisoire acceptent la mission que vous leur avez confiée, il faut au moins que la proclamation en soit faite. Notre honorable ami ne peut se faire entendre au milieu de ce bruit.

Un citoyen. Il faut qu'on sache que le peuple ne veut pas de royauté. La République !

Plusieurs voix. Délibérons immédiatement !

Une voix. Assis! assis! allons nous asseoir! Prenons la place des vendus !

D'autres voix. Des ventrus !

D'autres voix encore. Des corrompus !

Les hommes du peuple, les étudians, les élèves de l'école polytechnique, les gardes nationaux, etc., qui étaient jusque-là restés debout dans l'hémicycle ou pressés sur les marches de la tribune et du bureau, s'asseoient, en riant et en criant, sur les bancs des ministres et des députés du centre, comme pour assister et procéder à une délibération régulière.

Un citoyen, en agitant un drapeau. Plus de Bourbons! un Gouvernement provisoire, et ensuite la république!

Un homme du peuple. A bas les Bourbons! les cadets comme les aînés!

Un autre homme du peuple. Oh! de jolis cadets!

M. DE LA ROCHEJAQUELEIN. Ils ne l'auront pas volé; c'est un prêté rendu.

Une voix. Un moment de silence, sinon nous n'aboutirons à rien.

Une autre voix. Nous demandons qu'on proclame la république!

M. Dupont (de l'Eure) lit successivement les noms suivans, qui sont répétés à haute voix par plusieurs sténographes :

M. de Lamartine. (Oui! oui!)

M. Ledru-Rollin. (Oui! oui!)

M. Arago. (Oui! oui!)

M. Dupont (de l'Eure). Oui! oui!)

Une voix. M. Bureaux de Pusy!

M. Bureaux de Pusy fait un geste de refus.

M. DUPONT (DE L'EURE.) M. Marie, (Oui! — Non!)

Quelques voix. Georges Lafayette. (Oui! — Non! non!)

Voix nombreuses. La république! la république!

Un citoyen. Il faut que les membres du Gouvernement provisoire crient *Vive la république!* avant d'être nommés et acceptés.

Un autre. Je demande la destitution de tous les députés absens.

Un autre. Il faut conduire le Gouvernement provisoire à l'Hôtel-de-Ville. Nous voulons un gouvernement sage, modéré, pas de sang! mais nous voulons la république!

M. BOCAGE. A l'Hôtel-de-Ville, Lamartine en tête!

M. de Lamartine sort de la chambre accompagné d'un grand nombre de citoyens.

Après son départ, le tumulte continue dans la portion de la foule qui reste, disséminée sur les bancs de la chambre, dans l'hémicycle et dans les couloirs.

M. LEDRU-ROLLIN. Citoyens! vous comprenez que vous faites ici un acte grave, en nommant un Gouvernement provisoire.

Voix diverses. Nous n'en voulons pas! — Si! si! il en faut un!

M. LEDRU-ROLLIN. Il y a eu des réclamations

tout à l'heure. Un gouvernement provisoire ne peut pas se nommer d'une façon légère. Voulez-vous me permettre de vous lire les noms qui semblent proclamés par la majorité ? (Silence ! Ecoutez ! écoutez !)

A mesure que je lirai les noms, suivant qu'ils vous conviendront ou qu'ils ne vous conviendront pas, vous crierez *oui* ou *non* (Très-bien ! Ecoutez !) ; et, pour faire quelque chose d'officiel, je prie MM. les sténographes du *Moniteur* de prendre note des noms à mesure que je les prononcerai, parce que nous ne pouvons pas présenter à la France des noms qui n'auraient pas été approuvés par vous. (Parlez ! parlez !)

Je lis :

DUPONT (de l'Eure), (Oui ! oui !)

ARAGO. (Oui ! oui !)

LAMARTINE. (Oui ! oui !)

LEDRU-ROLLIN. (Oui ! oui !)

GARNIER-PAGES. (Oui ! oui ! — Non !)

MARIE. (Oui ! oui ! — Non !)

CRÉMIEUX. (Oui ! oui !)

Une voix dans la foule. Crémieux ! mais pas Garnier-Pagès. (Si ! si ! — Non !) Il est mort, le bon !

D'autres voix. Taisez-vous ! — A l'ordre. (Le bruit continue.)

M. LEDRU-ROLLIN. Que ceux qui ne veulent pas lèvent la main. (Non ! non ! — Si ! si !)

Je demande à ajouter un mot. Permettez, messieurs.

Le gouvernement provisoire, qui vient d'être nommé, a de grands, d'immenses devoirs à remplir. On va être obligé de lever la séance pour se rendre au centre du gouvernement et prendre toutes les mesures nécessaires pour que l'effusion du sang cesse, afin que les droits du peuple soient consacrés.

M. Crémieux.

Cris nombreux. Oui ! oui ! à l'Hôtel-de-Ville !

Un élève de l'école polytechnique. Vous voyez qu'aucun des membres de votre gouvernement provisoire ne veut la républque ! Nous serons trompés comme en 1830.

Plusieurs voix. Vive la république !

Autres voix. Vive la république et M. Ledru-Rollin ! — A l'Hôtel-de-Ville ! à l'Hôtel-de-Ville !

Un jeune homme. Ce n'est pas à l'Hôtel-de-Ville qu'est le centre du gouvernement, c'est ici !

M. Ledru-Rollin se retire, suivi de plusieurs citoyens. La foule qui avait envahi la salle commence à diminuer.

Un jeune homme, qui paraît être un étudiant, s'efforce, sans pouvoir y parvenir, de se faire entendre à la tribune. Un citoyen monte sur le marbre de la tribune en brandissant une arme. On crie *Vive la république*! *Partons pour l'Hôtel-de-Ville* !

Un jeune homme, à la tribune. Plus de liste civile !

Un autre. Plus de royauté !

Quelqu'un appelle tout à coup l'attention sur le grand tableau placé au-dessus du bureau et derrière le fauteuil de la présidence, qui représente la prestation de serment de Louis-Philippe à la Charte, et les cris : « Il faut le déchirer! il faut le détruire! » se font immédiatement entendre. Des hommes qui sont montés sur le bureau se disposent à donner des coups de sabre et d'épée dans le tableau. Un ouvrier, armé d'un fusil double, qui se trouve dans l'hémicycle, s'écrie : « Attendez! je vais tirer sur Louis-Philippe! » Au

M. Armand Marrast.

même instant, deux coups de feu éclatent. — Cris divers.

Un autre ouvrier s'élance immédiatement à la tribune, et prononce ces mots :

Albert (l'ouvrier.)

« Respect aux monumens ! respect aux propriétés ! Pourquoi détruire ? pourquoi tirer des coups de fusil sur ces tableaux ? Nous avons montré qu'il ne faut pas mal mener le peuple ; montrons maintenant que le peuple sait respecter les monumens et honorer sa victoire ! »

Ces paroles, prononcées avec énergie et une véritable éloquence, sont couvertes d'applaudissemens. On s'empresse autour du brave ouvrier, et on lui demande son nom. Il déclare se nommer Théodore Six, ouvrier tapissier. Tout le monde se retire. La salle est bientôt complétement évacuée. Il est quatre heures passées.

A cinq heures du soir, le Gouvernement provisoire se constitue à l'Hôtel-de-Ville, qu'entoure un peuple plein d'un généreux enthousiasme, en armes. Il se compose de MM. Dupont de l'Eure, Arago, Lamartine, Marie, Crémieux, Ledru-Rollin, Garnier-Pagès, et de quatre secrétaires : MM. Louis Blanc, Armand Marrast, Ferdinand Flocon, journalistes, et Albert, ouvrier.

Pendant que, retirés dans la salle des délibérations, les membres du Gouvernement provisoire délibèrent sur les premières mesures à prendre, une foule immense, admirable d'énergie, de courage, d'exaltation, remplit tout l'Hôtel-de-Ville, et frémit aux portes. Il n'est pas d'expression humaine qui puisse peindre l'aspect de tous ces intrépides combattans, couverts d'habits que venait de déchirer le combat, encore noirs de poudre, agitant ceux-ci un fusil, ceux-là une hache ou une épée. Leur attitude est héroïque, leur impatience formidable. Un seul cri sort de toutes les bouches : la République ! nous voulons la République !

Tout à coup, les portes de la salle du conseil sont violemment ébranlées. Le peuple demande à grands cris communication du premier acte adopté par le gouvernement provisoire. Alors, accompagné, entouré de plusieurs élèves de l'École polytechnique, héros de l'ordre comme ils l'avaient été du combat, M. Louis Blanc, l'éloquent historien de *Dix ans* et de la *Révolution française*, au milieu d'une foule innombrable, se dirige vers la place de Grève, et, du haut des marches de l'Hôtel-de-Ville, il annonce que le Gouvernement provisoire veut la République. A ce mot, des

M. Louis Blanc.

applaudissemens dont rien ne peut rendre l'énergie éclatent de toutes parts.

Peu à peu la multitude s'étant écoulée, le Gouvernement provisoire s'occupe avec plus de calme des graves mesures qu'il avait à prendre.

Des ministres sont nommés. La sécurité publique est assurée par la nomination d'un maire de Paris, M. Garnier Pagès, d'un commandant de la garde nationale, M. Courtais, et d'un chef d'état-Major, M. Guinard. Les généraux Bedeau et Lamoricière étant venus se mettre à la disposition du Gouvernement provisoire, leurs services sont acceptés avec empressement. Le premier est nommé commandant de la première division militaire ; le second se propose pour marcher à la frontière, en cas de guerre avec l'étranger.

Dimanche 27, les membres du gouvernement provisoire ont inauguré sur la place de la Bastille, en présence de la garde nationale et du peuple, la mémorable révolution qui vient de s'accomplir.

A deux heures, MM. Dupont (de l'Eure), Arago, Lamartine, Marie, Louis Blanc, Ledru-Rollin, Albert, Armand Marrast, Ferdinand Flocon, Crémieux et Garnier-Pagès sont partis de l'Hôtel-de-

Ville et se sont rendus aux pieds de la colonne de juillet, où ils ont proclamé le Gouvernement de la République française.

La garde nationale dans la proportion de deux bataillons par chacune de douze légions de Paris, la 13e (cavalerie), et les quatre légions de la banlieue, étaient rangées en bataille et au grand complet sur toute la ligne des boulevards, de la Madeleine à la Bastille, où se trouvait une foule immense.

Dans les rangs de la garde nationale se trouvaient un grand nombre de citoyens armés; on voyait aussi de nombreux détachemens des enrôlés de la garde nationale mobile, commandés par des élèves de St-Cyr ou des sous-officiers de la ligne.

Plusieurs légions ont ensuite défilé devant la colonne de Juillet; puis, les membres du Gouvernement provisoire, suivis par un détachement des élèves de St-Cyr, ont parcouru le boulevard dans toute sa longueur en passant devant le front des légions, qui les ont accuellis avec acclamations.

Les légions ont ensuite regagné leurs arrondissemens respectifs au milieu d'une population innombrable, qui les escortait aux cris de Vive la République !

Le samedi 4 mars a eu lieu le convoi solennel des victimes de la liberté. A midi, une messe mortuaire a été célébrée à l'église de la Madeleine.

Sur la façade tendue de noir, on lisait : ***Aux citoyens morts pour la liberté.***

A l'intérieur, on avait fermé par des tentures les grandes fenêtres qui éclairent l'église par le haut. Seize lustres d'argent portaient des feux rougeâtres, des flammes bleues et vertes brûlaient dans des cassolettes.

Le catafalque, ayant l'apparence d'un temple funéraire en granit rose, était supporté par sept marches, entouré de trépieds funèbres. Une croix grecque en or rayonnait au-dessus de la porte de bronze.

A une heure, le cortége s'est mis en marche ; il se composait de seize chars funèbres (la plus grande partie des morts avait été portée à l'avance à la colonne de la Bastille), de troupes de ligne, infanterie et cavalerie, de garde nationale et de citoyens armés. Des députations des écoles, des diverses corporations d'ouvriers, de Polo-

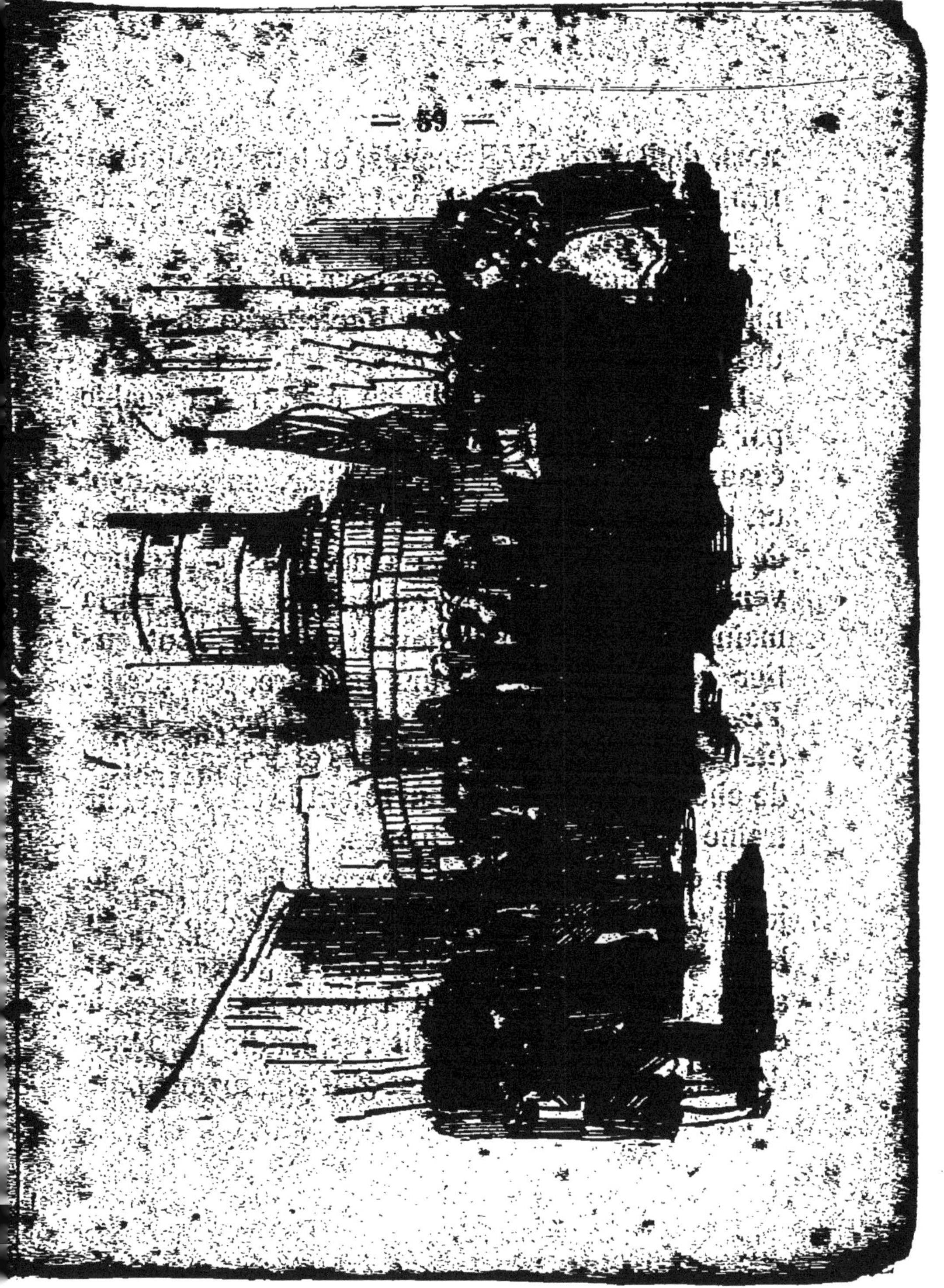

nais, de Belges, d'Allemands, et tous les condamnés politiques délivrés par la révolution, se mêlaient à la cérémonie.

Les musiques des divers corps et les orphéonistes faisaient entendre la *Marseillaise*, le chœur des *Girondins* et divers airs républicains.

Le char de la République était remarquable par sa grandeur et sa belle disposition. Des faisceaux partant des angles du char, supportaient un trophée, composé des attributs des arts et de toutes les professions ; deux bras de bronze venaient unir les mains fraternelles et soutenir la main de justice. Sur le devant du char, tout entier recouvert de velours pourpre, on lisait : *Vive la République* ! sur les côtés : *Liberté.—Egalité. — Fraternité.* Des branches et des couronnes de chêne et de laurier couvraient le char. Il était traîné par huit chevaux blancs.

Un crêpe immense ombrageait la colonne de juillet, sous laquelle les corps ont été déposés au bruit des acclamations des chants guerriers, et aux rayons d'un soleil qui a percé les nuages à ce moment solennel, et fait resplendir le génie de la liberté qui couronne ce glorieux monument.

ANECDOTES.

Tous les ministres du gouvernement déchu étaient, le 24 vers midi, à l'hôtel du ministère de l'intérieur. — La nouvelle de l'abdication et de la retraite de Louis-Philippe leur étant arrivée, ils se sont tous sauvés en sautant par la croisée et en traversant le jardin du ministère du commerce. — Arrivés à la porte de la rue de Varennes, ils se sont dispersés dans diverses directions.

M. Guizot s'est enfui sous un déguisement de domestique.

M. Duchâtel avait un manteau qui lui cachait les yeux.

M. Hébert s'était mis des moustaches.— On prétend qu'ayant été reconnu par un groupe de citoyens, rue de la Croix-Rouge, il a pu néanmoins traverser la foule sans en recevoir aucune atteinte.

— Laissons-le passer, dit un jeune avocat stagiaire. Plus le peuple s'élève, plus il respecte ceux de ses ennemis qui sont à terre.

— Au Carrousel, au moment où les gardes municipaux venaient de cesser le feu, quelques hommes, exaltés par le combat, voulaient faire main-basse sur ces malheureux instrumens du despotisme ; mais bientôt l'exaltation des vainqueurs fit place à des sentimens de concorde. « On a tué mon frère au Palais-Royal, » criait encore un citoyen, « il faut que je tue quelqu'un ! » — « Si tu tues quelqu'un, » répondit un garde national, « ce sera ton frère ! » Ce mot sublime anéantit tout sentiment de vengeance.

Ils se contentèrent de le conduire à la préfecture de police, et là il fut écroué au dépôt, d'où le matin il a été extrait pour être mis à la disposition de M. le commissaire du Gouvernement provisoire près le tribunal de première instance.

— A la prise des Tuileries, un homme du peuple ayant aperçu un buste de Louis-Philippe, prit sa ceinture, et, la mettant sur les yeux du buste : « C'est toi qui es aveugle ! » s'écria-t-il.

— A la suite des glorieux événemens de février, nombre d'étrangers résidant à Paris, et qui avaient bravement payé de leur personne dans la victoire populaire, sont allés se faire inscrire à leur municipalité respective, pour revendiquer l'honneur de faire désormais partie de la grande famille française. En tête des citoyens inscrits à la mairie du 2e arrondissement, on lit le nom du célèbre dentiste Williams Rogers.

PARIS. — IMPRIMÉ PAR E. BRIÈRE, RUE SAINTE-ANNE, 55.

EN VENTE

AU BUREAU DE LA SILHOUETTE, RUE FEYDEAU, 22.

La Bourse et les Boursiers, par TURCARET, illustré de caricatures, de charges et des portraits des notabilités boursières, par FABRICIUS 1

Paris Masqué, Physiologie des Bals d'hiver, par AUGUSTE VITU, avec 50 charges, caricatures et portraits des notabilités chorégraphiques . . . . » 50

www.ingramcontent.com/pod-product-compliance
Ingram Content Group UK Ltd.
Pitfield, Milton Keynes, MK11 3LW, UK
UKHW021147230726
13926UKWH00002B/983

9 782014 437249